E. Zandt

Der Rastatter Gesandtenmord.

Ein Beitrag zur genaueren Kenntniss des geschichtlichen Herganges, zum Teil nach mündlichen, bald nach der Tat erhaltenen Mittheilungen

E. Zandt

Der Rastatter Gesandtenmord.

Ein Beitrag zur genaueren Kenntniss des geschichtlichen Herganges, zum Teil nach mündlichen, bald nach der Tat erhaltenen Mittheilungen

ISBN/EAN: 9783743327917

Hergestellt in Europa, USA, Kanada, Australien, Japan

Cover: Foto ©ninafisch / pixelio.de

Manufactured and distributed by brebook publishing software (www.brebook.com)

E. Zandt

Der Rastatter Gesandtenmord.

Der
Rastatter Gesandtenmord.

Ein Beitrag zur genaueren Kenntniß des geschichtlichen Herganges, zum Theil nach mündlichen, bald nach der That erhaltenen Mittheilungen.

Aus den hinterlassenen Papieren von

J. Fr. Th. Zandt,

ehem. Kirchenrath und Director des Lyceums zu Karlsruhe.

Herausgegeben und durch eine Beleuchtung der Mendelssohn-Bartholdy'schen Schrift eingeleitet

von

E. Zandt,

Professor am Lyceum zu Karlsruhe.

Karlsruhe.
Druck und Verlag der G. Braun'schen Hofbuchhandlung.
—
1869.

Vorwort.

Durch eine kleine Broschüre, welche vor Kurzem erschienen ist und später durch eine ausführlichere Arbeit des nämlichen Herrn Verfassers ergänzt werden soll („der Rastatter Gesandten-Mord. Mit Benützung handschriftlichen Materials aus den Archiven von Wien und Karlsruhe, von Karl Mendelssohn-Bartholdy, Professor der Geschichte an der Universität Freiburg. — Heidelberg, Verlagshandlung von Fr. Bassermann. 1869.") wird die öffentliche Aufmerksamkeit auf's Neue auf jenen Gesandtenmord hingelenkt, welcher dadurch nicht verzeihlicher wird, daß er an Feinden und zwar an sehr übermüthigen Feinden begangen wurde.

Gewiß ist jene Frevelthat schon an und für sich selbst betrübend genug, sie wird es aber noch mehr durch die Thatsache, daß die eigentlichen Urheber derselben so wenig Gefahr liefen, entdeckt, bestraft und der allgemeinen Verachtung preisgegeben zu werden. Was wir sogar noch heute, nach 70 Jahren, über die geheimen Anstifter dieser That wissen oder zu wissen glauben, das verdanken wir nicht der Thätigkeit der östreichischen Regierung, deren Pflicht es in erster Linie gewesen wäre, der Wahrheit mit der äußersten Energie nachzuspüren, sondern den Schriften einzelner Männer, welche, je nach ihrem Standpunkte und den ihnen bekannt gewordenen Umständen, die Wahrheit in dieser oder jener Richtung suchten.

Auch Herr Professor Mendelssohn-Bartholdy sucht jetzt den Schleier zu lüften, welcher bisher den Gesandtenmord bedeckte. Aber das Resultat, zu welchem er zu gelangen scheint, wird schwerlich vor einer ruhigen Prüfung bestehen können. Denn wenn es auch sehr wohl möglich ist, daß französische Emigranten bei dem Morde die Hand im Spiele hatten, so ist es doch sehr unwahrscheinlich, daß sie, und nur sie, die eigentlichen Anstifter jenes Ueberfalles waren. Bewiesen ist dies jedenfalls durch Hrn. M.-B. nicht, dessen Beweisführung nicht nur sehr unvollständig ist, sondern auch noch zu anderen Bedenken Anlaß gibt.

Der Unterzeichnete hätte wohl, da er auf diesem Gebiete nur Dilettant ist, alle Ursache, eine Prüfung der Bartholdy'schen Schrift den Männern vom Fache zu überlassen, welche auch ohne Zweifel thun werden, was ihres Amtes ist. Indessen lassen es ihn besondere Umstände fast wie eine Art von Pflicht betrachten, seine Bedenken zu überwinden. Hierüber ein kurzes Wort der Erläuterung.

Mein Vater, der ehem. Kirchenrath und Director des hiesigen Lyceums († 1843), befand sich zur Zeit des Gesandtenmordes als „Prorector" (Vorstand des Pädagogiums) zu Pforzheim, also in einer Stadt, welche in jenen Kriegszeiten nicht blos Kaiser und Könige, Diplomaten und Kuriere, sondern auch häufiger als ihr lieb war Kriegsvölker aller Art zu sehen bekam. Als ein Mann von strenger

Rechtlichkeit theilte er die allgemeine Entrüstung über den Gesandtenmord. Als ein Freund der historischen Wahrheit und geschichtlicher Studien, welche er von Jugend an mit besonderer Liebe betrieb, fühlte er lebhaft den Wunsch, die Wahrheit über jenen häßlichen Vorgang enthüllt zu sehen, und das Interesse, welches er den politischen Vorgängen seiner Zeit widmete, erhöhte diesen Wunsch, der ihn, unerfüllt, bis in sein hohes Alter begleitete. Er starb im 83. Jahre seines Lebens.

Mit mir sprach er oft über jene Vorgänge und über das, was er aus mancherlei mündlichen Mittheilungen darüber vernommen hatte. Vieles davon habe ich längst wieder vergessen, denn meine eigenen Gedanken waren damals und seither anderen Dingen zugewendet. Aber damit nicht Alles verloren sei, was ihn in dieser Sache so viel beschäftigt hatte, schrieb er wenige Jahre vor seinem Tode auf meine Bitte einige von seinen Erinnerungen nieder, — sein, zumal für historische Thatsachen und Daten ungewöhnlich treues Gedächtniß war ihm bis ins Greisenalter geblieben, — und übergab mir sein Manuskript mit der Aufforderung, daß ich, wenn etwa später die Frage nochmals angeregt werden sollte, einen mir passend scheinenden Gebrauch davon machen möge.

Bisher hatte ich das um so mehr unterlassen, da ich der Meinung war, das öffentliche Urtheil habe sich, wenigstens im Ganzen und Großen, hinlänglich festgestellt und bedürfe zu seiner Bestätigung nicht der wenigen und unscheinbaren Angaben, welche in den Aufzeichnungen meines Vaters noch unbekannt sein mögen. Da aber jetzt von Hrn. M.=B.

auf's Neue der Versuch gemacht wird, Alles durch den Mummenschanz der „Leute in östreichischen Uniformen" erklären zu wollen, so mag immerhin das wohlerwogene Zeugniß eines Zeitgenossen jener Ereignisse auch heute noch einiges Interesse darbieten.

Wenn ich bei dieser Gelegenheit noch einen Schritt weiter gehe und vor allen Dingen durch eine kurze Beleuchtung der Schrift von M.-B. die Nothwendigkeit weiterer Aufschlüsse nachzuweisen suche, so hat das mehr den Zweck, die Veröffentlichung der anspruchlosen Aufzeichnungen meines Vaters zu rechtfertigen, als die Frage selbst zu beantworten, die wohl auch in Zukunft noch immer nur eine „Frage" bleiben wird.

Karlsruhe, in den Osterferien 1869.

E. Bandt.

I.

Beleuchtung der Schrift des Herrn Professor Mendelssohn-Bartholdy.

1.

Gleich auf der ersten Seite seiner Schrift schildert Herr M.=B. die „bisherige Geschichtsdarstellung" des Rastatter Gesandtenmords in einer Weise, welche nothwendig gegen seine Art der Darstellung Zweifel erregen muß. Er sagt daselbst:

> „Dort (bei Rastatt) soll, wenn das Gerücht und die bisherige Geschichtsdarstellung Recht behalten, Oestreich den Waffenstillstand, der seit Campo=Formio bestand, in blutiger Weise aufgekündigt und die Ermordung Maria Antoinetten's durch eine beispiellose Verletzung des Völkerrechts gerächt haben."

Ist denn in der That das die bisherige Geschichtsdarstellung gewesen, welche noch jetzt widerlegt werden müßte? Daß unmittelbar nach dem Gesandtenmorde die französischen Gewalthaber, um den Haß des französischen Volkes und Heeres gegen Oestreich aufzustacheln, kurzweg Oestreich für den Mord verantwortlich machten, ist allgemein bekannt, aber damit ist doch gewiß nichts für die „bisherige Geschichtsdarstellung" gesagt. Und daß auch später noch französische Geschichtschreiber ohne weitere Prüfung die Sache so darstellten, ist gleichfalls richtig, aber hier offenbar nicht gemeint, denn mit diesen beschäftigt sich Hr. M.=B. nicht. Er hat überall nur deutsche Geschicht=

schreiber im Auge, und nur auf diese kann und muß der Leser denken.

Nun hat es allerdings auch in Deutschland eine Zeit lang nicht an Stimmen gefehlt, welche, sei es aus Haß gegen Oestreich oder aus anderen Gründen, in ihrem Argwohn zu weit giengen. Aber gewiß gibt es unter uns schon längst nur noch Wenige, welche fähig wären, zu glauben, daß Oestreich, das heißt doch wohl die östreichische Regierung, oder der biedere Erzherzog Karl den Befehl gegeben habe, die französischen Gesandten zu ermorden. Im Allgemeinen herrscht offenbar in Deutschland schon längst die Ansicht vor, daß die intellektuellen Urheber jenes Ueberfalles es überhaupt gar nicht auf die Ermordung der Gesandten, sondern auf gewisse Papiere abgesehen hatten, in deren Besitz sie kommen wollten, und auch diese Absicht wird von den Meisten nicht der östreichischen Regierung als solcher, sondern gewissen Personen zur Last gelegt, welche damals in Oestreich eine einflußreiche Stellung inne hatten, namentlich dem Grafen Lehrbach. Und dennoch soll die bisherige Geschichtsdarstellung, leeren Gerüchten folgend, das Gegentheil gelehrt haben?

Und nun gar die „blutige Aufkündigung des Waffenstillstandes" und die „Rache für Maria Antoinette"! Herr M.=B. sagt selber (S. 17):

„Jetzt aber*) kündigte auch Oestreich die Neutralität von Rastatt auf, die kaiserlichen Gesandten verließen den Kongreßort. Der Krieg begann von Neuem, auf französischer Seite sogar vor der üblichen Kriegserklärung durch einen Ueberfall, Südwestdeutschland wurde von französischen Truppen überschwemmt und mit Requisitionen heimgesucht; dann führte das wechselnde Glück der Waffen die Oestrei-

---

*) Dieses „Jetzt aber" bezieht sich, wie die dort beigefügte Note zeigt, auf die Zeit nach dem 23. März.

cher wieder bis nahe an den Rhein. Seit Mitte April streiften östreichische Patrouillen bis an die Thore von Rastatt," u. s. w.

Schon diese, wenn gleich unklar gehaltene und die Zeitfolge der zuerst genannten Thatsachen umkehrende Angabe läßt den besonnenen Leser erkennen, daß es mit der (am 28. April erfolgten!) blutigen Aufkündigung des Waffenstillstandes nicht ganz geheuer sein müsse. Deutlicher und genauer hätte der Hr. Verf. sagen müssen: „Nicht erst nach der Abreise der kaiserlichen Gesandten, sondern schon etwa sechs Wochen vorher begann der Krieg von Neuem durch den Uebergang der französischen Truppen (unter Jourdan) über den Rhein bei Strasburg, ebenso bei Hüningen und bei Mannheim. Es geschah dieses am 1. März. Die französische Kriegserklärung erfolgte etwa zwölf Tage nachher. Am 21. und 25. März erfolgten sodann die Kämpfe bei Ostrach und bei Stockach, die Abreise der kaiserlichen Gesandten erfolgte vor der Mitte des April, die Kündigung der Neutralität von Rastatt am 22. April, und — — da war dann nach der bisherigen so konfusen Geschichtsdarstellung nichts natürlicher, als daß Oestreich am 28. April das Bedürfniß fühlte, den Waffenstillstand, wenn auch in etwas ungewöhnlicher Weise, aufzukündigen". Ist das Scherz oder Ernst?

Daneben soll aber Oestreich nach der bisherigen Geschichtsdarstellung mit seiner Frevelthat auch die weitere Absicht verbunden haben, Rache zu nehmen für Maria Antoinette. Der Postmeister Drouet, welcher die Flucht der königlichen Familie vereitelt, dann im Convent für den Königsmord gestimmt und sich überhaupt als einen der Wüthendsten unter den Wüthenden gezeigt hatte, kam ungefähr in derselben Zeit, wo Maria Antoinette den Tod erlitt (im October 1793) in die Gewalt der östreichischen Regierung und verblieb darin etwa zwei Jahre lang. Sie hat ihm kein Haar gekrümmt.

Aber fünf bis sechs Jahre nach ihrem Tode soll Oestreich, dessen Gesandte mittlerweile zu Leoben und Campo-Formio mit den Vertretern der Republik verhandelt hatten und in Rastatt Jahr und Tag mit dem „ungeschliffenen" Bonnier und Consorten an demselben Tische saßen, den Tod der kaiserlichen Prinzessin dadurch gerächt haben, daß es diese Gesandten bei Nacht und Nebel, auf offener Landstraße, zum Theile vor den Augen von Weib und Kind, durch Szekler Husaren niederhauen ließ? Das soll die. bisherige Geschichtsdarstellung gelehrt haben? Da war es freilich sehr nöthig, daß sie durch eine richtigere Darstellung ersetzt wurde.

2.

Was uns Allen an der bisherigen Geschichtsdarstellung am meisten mißfiel, das ist, daß sie nicht im Stande war, die eigentlichen Anstifter der That und ihre Absichten und Beweggründe mit einer jeden Zweifel ausschließenden Beweiskraft nachzuweisen. Sie brachte es in dieser Beziehung nicht über nahe liegende Vermuthungen, nicht über hohe Wahrscheinlichkeiten, nicht über persönliche, mehr oder minder bestimmt ausgesprochene Ueberzeugungen hinaus, für welche sie uns aber den unwiderleglichen Beweis bis jetzt nicht geliefert hat. Aber das war nicht ihre Schuld. Sie konnte nicht die Offiziere und Soldaten des Szekler Regiments oder andere betheiligte Personen ins Verhör nehmen. Sie konnte nicht die Veröffentlichung der Akten über die Untersuchung erzwingen, welche anfangs vom Erzherzog Karl mit aller Strenge eingeleitet und weiterhin ohne Zweifel im Laufe des Sommers von Anderen fortgesetzt wurde. Diese Akten sind nach Wien gewandert, und Niemand hat bis heute erfahren, was sie enthalten.

Unter diesen Umständen haben gewiß Hunderte mit dem größten Verlangen nach der Broschüre des Hrn. M.=B. gegriffen,

denn diese sagt uns ja schon auf dem Titelblatte, daß er für
seine Zwecke die Archive von Wien und Karlsruhe
benützt habe. Zwar auf das Archiv von Karlsruhe wird wohl
Niemand große Hoffnungen gesetzt haben, denn was hier etwa
Werthvolles für diesen Zweck zu finden war, das war bisher
schon zugänglich genug. Aber in Wien, dort liegt der Hase
im Pfeffer, und der Hr. Verf. erklärt uns ja (S. 2), daß ihm
die bisher vor dem Auge der Welt verschlossenen
Akten zugänglich waren, und daß er gedenke, die ihm „durch
die hohe Liberalität Sr. Exzellenz des Herrn Reichskanzlers"
zur Benützung gestatteten Urkunden in extenso zu ver=
öffentlichen.

Da werden wir also doch gewiß die ganze Wahrheit er=
fahren, jene Wahrheit, über welche man, wie uns der Hr. Verf.
auf S. 56 berichtet, in Wien schon vor siebenzig Jahren nicht
lange im Zweifel bleiben konnte, und nur dagegen dürfte
das Rechtsbewußtsein des deutschen Volkes einen Einwand zu
erheben haben, daß man für die jetzt erlaubte Veröffentlichung
der Wahrheit dem Herrn Reichskanzler einen besonders lebhaften
Dank schuldig sei, denn damit wird nur das im Sommer 1799
verpfändete kaiserliche Wort, so weit es jetzt noch möglich ist,
gelöst. Es geschieht damit, wenn auch nur verspätet und in
indirekter Weise, was Pflicht und Ehre gebieterisch verlangen.

Aber je weiter man in der Broschüre des Hrn. M.=B. liest,
um so mehr müssen sich die Erwartungen herabstimmen und
um so größer wird die Besorgniß, daß die „hohe Liberalität
Sr. Exzellenz des Herrn Reichskanzlers" unseren Herrn Pro=
fessor an den unrechten Aktenkasten geführt habe. Wir
schließen das aus mehreren Umständen.

Zunächst schon daraus, daß in der ganzen übrigen Broschüre
von den Untersuchungsakten gar nicht weiter die Rede
ist. Diese Besorgniß steigert sich auf S. 38 fast bis zur Ge=
wißheit, denn dort scheinen sich die Originaldokumente,
deren Veröffentlichung uns mit so großer Emphase versprochen

wird, als die Berichte Lehrbachs an den Wiener Hof zu entpuppen. Wenn das die ganze Ausbeute sein soll, dann wird die Welt schwerlich auf ihre Veröffentlichung sehr begierig sein.

Noch entmuthigender aber ist die Thatsache, welche sich aus der ganzen Broschüre ergibt, daß Herr M.-B. trotz der Einsicht, welche ihm in die bisher dem Auge der Welt verschlossenen Akten gestattet wurde, es eben auch nicht weiter brachte, als zu **persönlichen Ueberzeugungen**. Zuerst zu der persönlichen (oder wie er sagt „psychologischen") Ueberzeugung*) von der Unschuld des Diplomaten Lehrbach, und weiterhin zu der Ueberzeugung von der (durch ihn keineswegs bewiesenen) Schuld der **Emigranten**. Aber an Ueberzeugungen hatten wir schon bisher keinen Mangel. Wir erwarteten Gewißheit und Beweise.

Dagegen war jedenfalls Eines an der bisherigen Geschichtsdarstellung zu loben, nämlich der Ernst, mit welchem sie die östreichische Regierung an die Erfüllung ihres Versprechens mahnte. Gegenüber von diesem Ernste macht die überraschende Leichtigkeit, mit welcher Herr M.-B. sich in das Schweigen der östreichischen Regierung findet, einen höchst unbefriedigenden Eindruck.

Anfangs (S. 1) gibt er zwar selber zu, daß die ungerechten Anklagen gegen Oestreich wohl begreiflich scheinen können „angesichts des vollkommenen Stillschweigens, das in Wien über das Vorgefallene beobachtet wurde". Aber er fährt sogleich fort: „War dieses Stillschweigen die vornehme Haltung der Schuldlosigkeit, Verläumbungen gegenüber, die man verachten mußte, oder war es das Bekenntniß der Schuld?" — Sonderbare Frage!

---

*) Diese etwas ungewöhnliche Bezeichnung bezieht sich auf den Eindruck, welchen das Studium der Berichte Lehrbachs auf den Hrn. Verf. gemacht hat. — „Graf Lehrbach sagt's, und Lehrbach ist ein ehrenwerther Mann."

Nicht darum handelt es sich in erster Linie, ob die kaiserliche Regierung schuldig oder unschuldig war, sondern darum, daß kaiserliche Husaren, gleichviel ob allein oder in Verbindung mit einzelnen „Leuten in östreichischer Uniform", und unter fast augenscheinlicher Connivenz ihrer nächsten Vorgesetzten, eine That begangen hatten, über welche ganz Europa in Entrüstung gerieth, und daß in Folge davon der Kaiser Franz dem Reichstage zu Regensburg sein kaiserliches Wort gab, die Unthat auf's strengste und ohne jede Rücksicht auf Personen untersuchen und bestrafen lassen zu wollen.

Wenn trotzdem über die eingeleitete Untersuchung und ihr Ergebniß nichts, lediglich gar nichts veröffentlicht wurde, so ist das eine Thatsache, über welche man mit einer „vornehmen Haltung" nicht hinwegkommen kann, und ich denke, daß ein Jeder von uns, auch den Herrn Prof. M.-V. nicht ausgenommen, wenn ihm Aehnliches begegnet wäre wie dem niedergesäbelten aber zufällig nicht getödteten Jean de Bry, gegen eine solche vornehme Haltung der betreffenden Regierung sehr laute Einsprache erheben würde. Dazu braucht man noch gar nicht ein durch das Völkerrecht besonders geschützter Gesandter zu sein.

Und was erfahren wir denn nun gegen das Ende der Broschüre über den Grund dieses Schweigens? S. 56 u. f. sagt man uns „der Kaiser habe durch Hofdekret vom 6. Juni 1799 den kaiserlichen Unwillen und Abscheu über die ruchlose Schandthat ausgesprochen" (er that bekanntlich mehr, er versprach Untersuchung und Bestrafung). „Aber", fährt Hr. M.-B fort, „freilich konnte man in Wien über die geheimen eigentlichen Anstifter des Mordes auf die Dauer nicht mehr im Zweifel bleiben, und nun (!) war man billigdenkend genug, um willenlose und schwache Werkzeuge nicht entgelten zu lassen, was die großen Schuldigen verbrochen hatten."

Was soll mit dieser mysteriösen Rede gesagt sein? Nicht

um den angeblich „übertölpelten" Rittmeister Burkhard handelt es sich, und auch nicht um die einzelnen Szekler Husaren, welche da oder dort den tödtlichen Streich führten, sondern gerade um die **großen Schuldigen** handelt es sich. Wenn man diese in Wien kannte, warum nannte und bestrafte man sie nicht?

Eine Antwort auf diese Frage hat Hr. M.=B. allerdings, aber sie lautet sonderbar genug. Nach ihm sind die „**großen Schuldigen**" in den Reihen jener nämlichen Emigranten zu suchen, die er selber als „**eine Schaar von wilden hirn= wüthigen Gesellen**" schildert, und unter diesen ist ihm (S. 51) am meisten „**ein Graf Toulouse**" verdächtig, von dessen Person er uns nichts weiter zu sagen weiß, als daß sich derselbe **königlichen Blutes***) und **der Abstammung von Heinrich IV.** rühmte. —

Und **deßhalb** so viele Umstände?!

Du lieber Himmel! Wenn jeder Franzose, der sich rühmen kann, etwas königliches Blut in seinen Adern zu haben, damit einen Freibrief für die ärgsten Gewaltthaten besitzen würde, so müßte man ja in Frankreich auf Schritt und Tritt für sein Leben zittern. Die Reihe der capetingisch=valesisch=bourbonischen Könige ist sehr lang, und was Béranger vom „guten roi d'Yvetot" singt:

        Ses sujets avaient cent raisons
        De le nommer leur père.

das gilt noch von gar vielen anderen Königen.

Und Oestreich sollte aus lauter Respekt vor dem „alten

---

*) Das alte berühmte Geschlecht der Grafen von Toulouse starb schon im Mittelalter aus. In viel späterer Zeit ernannte Ludwig XIV. einen seiner natürlichen Söhne zum Titulargrafen von Toulouse, und dieser brachte es (unter Ludwig XV.) bis zum Minister. Solche „Grafen" gibt es viele in der Welt. Der hier genannte Emigrant könnte möglicherweise ein (Sohn oder) Enkel des Sohnes von Ludwig XIV. sein und mit demselben Rechte, wie auf Heinrich IV., seinen Stammbaum bis auf Hugo Capet zurückführen.

legitimen Herrscherhause" die Unthat eines wenig bekannten und nicht übermäßig legitimen Grafen siebenzig Jahre lang mit dem Schilde seiner eigenen Ehre gedeckt haben? Das glaube wer kann!

Anm. Der Vollständigkeit wegen soll hier nicht verschwiegen werden, daß an einer anderen Stelle (S. 58 unten) dieser Graf Toulouse sich fast in die „Bourbons" im Allgemeinen zu verwandeln scheint. Es heißt dort: „das alte Frankreich: die Emigranten, die Bourbons waren betheiligt." Sollen hier etwa, außer den gewöhnlichen Emigranten und außer dem „von Heinrich IV. abstammenden" Grafen Toulouse, auch die ächten Bourbons gemeint sein? Aber eine Behauptung von solcher Wichtigkeit dürfte doch gewiß, wenn sie ernstlich aufgestellt werden wollte, nicht in Form einer gelegentlichen und dunkel gehaltenen Andeutung auftreten, sie müßte klar ausgesprochen und mit irgend etwas, das einem Beweise ähnlich sieht, belegt werden. Da davon in der ganzen Broschüre nicht die Rede ist, sondern nur von den hirnwüthigen Gesellen, so muß es erlaubt sein, auch hierin nur eine von jenen volltönenden aber nicht wörtlich zu nehmenden Darstellungen zu sehen, wie wir sie hier mehrfach finden.

3.

Wir kommen jetzt zu dem eigentlichen Kern der Broschüre, den man aber aus mancherlei Zuthaten heraussuchen muß, denn Wichtiges und Unwichtiges, Thatsachen und andere Ausführungen, sind da in fortwährendem Wechsel vermengt, und wiederholt geschieht es, daß man in dem Augenblicke, wo man erwartet, jetzt eine durchschlagende Angabe zu hören, sich mitten in eine Abschweifung versetzt sieht, welche den Ueberblick erschwert.

In der Einleitung beschäftigt sich der Herr Verf. etwas länger mit dem Rastatter Kongreß und mit den Stimmungen, mit welchen derselbe damals vom deutschen Publikum betrachtet wurde. Dabei verschmäht er es, um diese Stimmung zu bezeichnen, nicht, auf S. 9 ein ziemlich gemeines Pasquill abzudrucken, in welchem mit Worten aus der Leidensgeschichte Christi der Jammer jener Verhandlungen lächerlich gemacht wird. Ich bemerke das ausdrücklich im Interesse der hier erscheinenden Zeitung „die Warte", welcher ich es zu danken habe, schon jetzt auf die Broschüre des Herrn M.=B. aufmerksam geworden zu sein. Sie hat in ihrem Feuilleton vom 23., 24. und 25. März, also in der Charwoche, einen beifälligen Bericht über diese Broschüre aufgenommen, scheint aber die Passionsgeschichte auf S. 9 übersehen zu haben.

Etwa von S. 18 bis 32 oder 34 schildert der Hr. Verf. die auf den Gesandtenmord selbst bezüglichen Vorgänge. Von da an folgen dann bis zum Schlusse (63) diejenigen Erörterungen, welche die Hauptaufgabe der Broschüre bilden und zuerst die **Unschuld des Grafen Lehrbach** und dann die **Schuld der Emigranten** beweisen sollen. Diese Beweisführung verdient eine nähere Beleuchtung.

Auf S. 36 wird zuerst gesagt, verschiedene „Eingeweihte" hätten „mit **dünkelhafter Zuversicht**" als den eigentlichen Schuldigen den **Grafen Lehrbach** bezeichnet. Das muß natürlich Diejenigen sehr geniren, welche bisher ähnliche Ansichten hatten. Doch bedauert er zu unserer Beruhigung auf S. 37 daß „**selbst gewissenhafte Historiker, wie Wachsmuth, Schlosser, Häußer, sich zum Organe jener unbestimmten Vermuthungen machen.**" — Schlosser, welchen ich gerade zur Hand habe, drückt seine unbestimmten Vermuthungen ziemlich bestimmt aus. Er sagt in seiner Weltgeschichte (Band XVII., Seite 455.):

„Manche hielten diesen Gesandtenmord für ein Werk der (französischen) Direktoren, welche dadurch den Volkshaß gegen Oestreich hätten wecken wollen. **Wir wissen jedoch jetzt zuverlässig, daß Thugut und der schlechteste und gewissenloseste aller Diplomaten jener Zeit, der Graf Lehrbach, unter Barbaczy's Mitwirkung die Gesandten hatten überfallen lassen, nicht um sie zu tödten, sondern um sich gewisser Papiere zu bemächtigen,** welche den urkundlichen Beweis ihrer eigenen Verrätherei liefern konnten."

Hr. M.=B. widerlegt nun diese unbestimmten Vermuthungen hauptsächlich dadurch, daß er sich auf die eigenen Worte und Versicherungen des Grafen Lehrbach beruft. Er sagt uns zuerst (S. 38), daß man „weder eine mündliche noch eine schriftliche beglaubigte Aeußerung Lehrbachs nachweisen könne, die ihn graviren könnte", was bei einem gewandten Diplomaten noch nicht viel sagen will. Und weiterhin erzählt er uns ausführlich, mit welchem Unwillen Graf Lehrbach jeden Verdacht zurückgewiesen habe, was bei einem ehrlichen Manne gewiß viel sagen will. Ob nun in Bezug auf diese Ehrlichkeit das obige Urtheil Schlossers das richtige ist, oder ob man auch hier, wie so oft im Leben, „nur die Hälfte" zu glauben habe, oder endlich ob die Ehrlichkeit des Diplomaten Lehrbach diejenige eines ordinären ehrlichen Mannes war, das mögen Andere untersuchen.

Bedenklicher ist der Umstand, daß Hr. M.=B. selber am Schlusse seiner Prüfung unsicher zu werden scheint, denn sonst würde er sich nicht, indem er (S. 45) das Resultat seiner den Grafen Lehrbach betreffenden Untersuchung zusammenfaßt, eine Hinterthür offen gelassen haben. Dieses „negative Resultat" besteht nämlich nach ihm darin, daß Graf Lehrbach zu wenig „Idiot" war, um die That, wie sie einmal vorliegt, anzustiften. „Wie sie einmal vorliegt", das heißt doch offenbar: „Ueberfall sammt Mord", und das wird ja auch von Schlosser und Anderen nicht behauptet. Die Frage ist vielmehr die, ob der Ueberfall durch Lehrbach angestiftet wurde, und in dieser Beziehung lautet die Beweisführung der Broschüre höchst eigenthümlich. Sie läuft in der Hauptsache auf Folgendes hinaus:

Er sagt (S. 43 und 44): „Man hat davon geredet, daß er (Lehrbach) sich der Papiere der französischen

Gesandten bemächtigen, der Politik des Direktoriums, etwaigen Unterhandlungen mit Pfalz-Zweibrücken auf die Spur kommen wollte. Aber um die Politik des Direktoriums kennen zu lernen, brauchte man nicht erst nach den Papieren der französischen Gesandtschaft zu fahnden. Die las man schon im Principe des Macchiavelli." Nun, das heißt doch gewiß, sich die Sache sehr leicht machen! Um den Charakter der französischen Politik kennen zu lernen, brauchte man auch nicht den Macchiavelli zu studiren. Der war der Welt und dem Grafen Lehrbach durch näher liegende Thatsachen bereits hinlänglich bekannt. Aber über die einzelnen Handlungen und geheimen Unterhandlungen des Direktoriums wäre doch gewiß nichts im Macchiavelli zu finden gewesen. Mit einer solchen Beweisführung mag man unter Umständen in Bürgerabenden Effekt machen, aber schwerlich bei Lesern, welche Zeit haben, das, was man ihnen sagt, ruhig zu prüfen. — Ob aber die Papiere, auf welche es Graf Lehrbach nach der Darstellung Anderer abgesehen hatte, so leicht durch Bestechung zu haben gewesen wären, das ist doch gar nicht so gewiß, als Hr. M.-B. es weiterhin darstellt.

Daß es damals Leute gab, für welche die Papiere der französischen Gesandten ein größeres Interesse darboten, als Hr. M.-B. glauben machen will, das geht schon aus der von ihm selber (S. 19 und 20) erzählten Thatsache hervor, daß am 25. April Abends, also nur 3 Tage vor dem Gesandtenmord, der mit einem Passe und Schilde versehene Kurier der französischen Gesandtschaft, welcher ihre Depeschen nach Plittersdorf und Selz bringen sollte, zwischen Rastatt und Plittersdorf von k. k. Husaren gefangen genommen und mit seinen Papieren nach dem Standquartier des Obersten Barbaczy, nach Gernsbach, abgeführt wurde; daß ferner der kurmainzische Direktorial-Gesandte Namens sämmtlicher anwesender Subdelegirten der Reichsdeputation, und auch die königl. preußische kurbrandenburgische Gesandtschaft sich vergebens, unter Berufung auf das Völkerrecht, bei dem Obersten Barbaczy für die Herausgabe des Kuriers und der Depeschen verwendete; daß vielmehr Barbaczy zurückschrieb, er finde sich im Augenblick außer Stande, dem Wunsche der Gesandten befriedigende Folge zu leisten, und daß er dem preußischen Legationsrath Bernstorff mit sichtlicher „Laune" (soll wohl heißen „Verstimmung" — humeur) mündlich geantwortet haben soll, er könne und werde auf nichts antworten, sondern blos den Brief der königl. preuß. Herren Minister an die Behörde einschicken.

Diese Antwort des Obersten Barbaczy ist wohl für die Beurtheilung des Vorganges mit dem Kurier ziemlich bezeichnend. Denn wenn er geglaubt hätte, daß es sich dabei nur um einen Mißgriff seiner Husaren handle, so hätte er sich ohne Zweifel auch für berechtigt gehalten, die Depeschen herauszugeben, ohne zuvor bei der „Behörde" anzufragen. Offenbar hatte er Ursache, den Vorgang anders zu beurtheilen.

Die „Vermuthung" liegt nun ziemlich nahe, daß der Ueberfall der Gesandten, welcher drei Tage nachher erfolgte und welchen Barbaczy nach dem eigenen Zugeständnisse des Hrn. M.-B. erwartet zu haben scheint, zu dem gleichen Zwecke, jedoch mit der Aussicht auf eine größere Ausbeute an Papieren geschah, daß er nur eine Art von Fortsetzung des Vorganges mit dem Kurier war und auf die gleiche Quelle zurückzuführen sein werde. Mit dem Kurier hatten aber die Emigranten nichts zu schaffen. Wenigstens schreibt ihnen Hr. M.-B. selber diese Thatsache nicht zu.

4.

Nach Herrn M.-B. fällt die That den französischen Emigranten zur Last. Um uns das begreiflich zu machen, beginnt er damit, daß er uns (S. 46 ff.) diese Emigranten in ihrer ganzen Nichtswürdigkeit schildert. Sie waren eine „Schaar von wilden, hirnwüthigen Gesellen", Menschen, die früher in Palästen und in großem Reichthum gelebt hatten und deßhalb zu Allem fähig waren. Sie brachten „Liebeshändel, Spiel und Intriguen", kurz „alle Unsitten des ancien régime" aus ihrer Heimath in das bis dahin so sittenreine Deutschland mit. Die Folgen davon blieben natürlich nicht aus.

Es ist ja bekannt, als welche Meister im Intriguiren sich die in Rastatt versammelten Gesandten zeigten. Sie haben das wahrscheinlich von den Emigranten gelernt, und deßhalb ging es auch mit den Verhandlungen so langsam vorwärts. Namentlich sollen diese „Menschen", welche hungerten, nachdem sie einst im Ueberfluß gepraßt, Menschen, welche auf der Straße betteln mußten, nachdem sie einst in Palästen gewohnt hatten, auch die Unsitte mitgebracht haben, sehr hoch zu spielen, weßhalb noch bis auf diesen Tag die Badener Spielbank nicht zur Ruhe kommen kann. Und nun vollends gar die Liebschaften, diese Unsitte, welche das untrügliche Kennzeichen eines Mannes vom ancien régime ist, — nein, davon wollen wir lieber gar nicht reden.

Daß derartige Menschen der wohllöblichen Polizei jener Zeit manche schwere Stunde bereitet haben werden, das versteht sich fast von selbst und ist um so mehr zu beklagen, als diese vielgeplagte Polizei ohnehin schon mit den Herren Gesandten selber, bezw. ihren Ansprüchen, ziemlich viel zu thun gehabt zu haben scheint. Aufgefallen ist uns dabei nur die Unbefangenheit, mit welcher Hr. M.-B. die Thatsache berichtet, daß einige Gesandte und darunter namentlich die östreichischen (S. 50) sich dieser wilden hirnwüthigen Gesellen mit Wärme annahmen, so daß diese unter solchem Schutze den Nachstellungen der hülflosen badischen Polizei trotzen konnten. Da Hr. M.-B. dahinter nichts Arges vermuthet, so ist anzunehmen, daß die östreichischen Gesandten dabei nur die Absicht hatten, durch ihren sittlichen Einfluß diese zu Allem fähigen Leute wieder auf den Weg der Tugend zurückzuführen.

Was aber hier schwerer wiegt als alle Unsitten des ancien régime, das ist die Thatsache, daß diese von der Revolution in's Elend gejagten Menschen hirnwüthig genug waren, sich nicht in diese Ordnung der Dinge finden zu wollen, sondern im Gegentheil Himmel und Erde in Bewegung zu setzen suchten, um eine Regierung zu stürzen, deren Existenz nach ihren Begriffen mit geordneten Rechtszuständen in Europa unverträglich war. Daraus folgert dann Hr. M.-B. — gewiß mit allem Recht — daß sehr wohl Einzelne dieser „Menschen" sich so weit vergessen konnten, um durch den Gesandten-Mord den Krieg zwischen Oestreich und Frankreich zu einem unversöhnlichen machen zu wollen. Gegen diese M ö g l i ch k e i t läßt sich schwerlich viel einwenden.

Mehr vielleicht gegen etwas Anderes. Denn auf S. 42 schildert er den politischen Standpunkt, auf welchem Graf L e h r b a ch sich befand, in ganz ähnlicher Weise. Graf Lehrbach war zwar nicht von Haus und Hof vertrieben, er war nicht an den Bettelstab gebracht, es waren ihm nicht seine nächsten und liebsten Verwandten durch die Guillotine oder in den Gefängnissen von Paris ermordet worden, und er war deßhalb auch kein wilder, hirnwüthiger Geselle. Aber aus Prinzip, aus politischer Ueberzeugung „k e n n z e i ch n e t e r s i ch", wie uns Hr. M.-B. S. 42 berichtet, „in a l l e n s e i n e n A e u ß e r u n g e n a l s g e s ch w o r e n e r G e g n e r d e s i n F r a n k r e i ch h e r r s ch e n d e n S y s t e m s, e n t s ch l o s s e n, d a s s e l b e a u f ' s A e u ß e r s t e z u b e k ä m p f e n!" — — Doch daraus folgt nach Hrn. M.-B. noch lange nicht, daß er auch im Stande war, eine That zu begehen, welche u. s. w.

Wir untersuchen das hier um so weniger, da uns Hr. M.-B. nicht sagt, zu welcher That Graf Lehrbach nicht fähig gewesen sein soll, ob zu dem U e b e r f a l l e, oder zu dem M o r d e. Nach dem Zusammenhange scheint es fast, daß er ihn mit Bestimmtheit nur als zu dem Morde unfähig darstellen will, und in diesem Falle wird es wenigstens erlaubt sein müssen, daran zu erinnern, daß, wer den **Ueberfall** anordnete (welcher ja gleichfalls schon gegen das Völkerrecht war), um so mehr dafür sorgen mußte, daß er nicht zum Blutvergießen oder gar zum Morde führe, denn er kannte sicherlich seine Pappenheimer sehr gut.

Wessen diese Emigranten fähig waren, oder doch für fähig gehalten wurden, das geht nach Herrn M.-B. auch aus den Angaben eines Freiburger Professors, des Herrn Dr. Gall, vom 5. November 1795, hervor (S. 48 und 49 der Broschüre). Dieser hatte damals mehrere von den in östreichische Gewalt gefallenen Republikanern am Fieber zu behandeln, und sein Zeugniß geht dahin, daß er in der Apotheke bei Bereitung der Mixturen stets selbst zugegen sein mußte, damit denselben nicht **Gift** beigemischt wurde, denn es hielten sich damals zahlreiche Emigranten in Freiburg auf, denen jene Republikaner töbtlich verhaßt waren. Das ist nun allerdings für die Emigranten ebensowenig schmeichelhaft als für die Freiburger Herren Apotheker jener Zeit. Mit Gewißheit läßt sich hieraus jedoch nur **das** entnehmen, daß die gefangenen Republikaner ein solches Verbrechen fürchteten, vielleicht weil sie eben selber kein gutes Gewissen hatten; daß Herr Dr. Gall den Emigranten ein solches Verbrechen zutraute, und daß er den Apothekern der damals wohl noch gut kaiserlich gesinnten Stadt auch nicht unbedingt traute.*)

Hieraus zieht dann der Herr Verf. etwas überschwenglich das ahnungsvolle Facit: „**So vermögen wir Jahre vor dem Rastatter Kongreß bereits die dunkeln Pläne der Partei, denselben Gedankengang zu erkennen, der im Frühjahr 1799 seinen blutigen Ausdruck fand.**" — Gewiß, sehr schön gesagt; für eine nüchterne Prüfung fast zu schön.

―――――
*) Ob man es wohl nöthig fand, auch die **Rastatter** Apotheken ebenso sorgfältig zu überwachen?

Von dieser Art nun waren also jene viertausend Emigranten, welche nach Herrn M.=B. zur Zeit des Kongresses „in dem Distrikte von Philippsburg bis Basel" längs dem Rheine hin ihr Wesen trieben. Herr M.=B. sagt uns nicht, wie viele derselben wohl noch nach dem 1. März 1799 in dieser Gegend übrig gewesen sein werden. Es läßt sich annehmen, daß nur wenige derselben Lust hatten, den republikanischen Truppen in die Hände zu fallen, welche von da an Südwestdeutschland überschwemmten. Die meisten werden sich wohl hinter die östreichischen Linien zurückgezogen haben, diejenigen ausgenommen, welche sich zu Rastatt, etwa unter dem Schutze einer mächtigen Gesandtschaft, sicher fühlten.

Unter diese Letzteren scheint nun jener Graf Toulouse gehört zu haben, von welchem wir oben bereits sprachen, und von diesem weiß uns Herr M.=B. zwei gravirende Thatsachen zu melden.

Die erste ist, daß er am 11. April an einen anderen Emigranten ein Schreiben richtete, in welchem sich die Worte befinden: „Binnen Kurzem, lieber Freund, wird sich etwas ereignen, worüber die Welt erstaunen muß."*) Das ist nun vielleicht an und für sich noch nichts besonders Verdächtiges, denn Leute in dieser Lage tragen sich fortwährend mit Gerüchten**), von denen sie eine Verbesserung ihrer Aussichten hoffen. Was jedoch die Sache wirklich verdächtig macht, das ist der Umstand, daß dieses Schreiben sich, nach

---

*) „Muß?" — wahrscheinlich doit, „unfehlbar erstaunen wird".

**) Wenn ich nicht irre, so sollen im Frühjahr des Jahres 1799, also lange vor der Rückkehr Napoleons aus Aegypten, in Frankreich Gerüchte und Erwartungen einer gewaltsamen Aenderung gegangen sein, die auf den Sturz des Direktoriums hinwiesen. Vielleicht irre ich mich, und jedenfalls weiß ich im Augenblicke nicht zu sagen, woher ich das entnommen habe. Möglich wäre es immerhin, daß solche Gerüchte, wenn sie in Frankreich giengen, in vergrößertem Maßstabe bei den Emigranten cursirten. Gewiß ist, daß schon damals die Stimmung in Frankreich schlecht genug war.

Herrn M.-B., zu Wien „in den Papieren Lehrbachs" findet, und der geneigte Leser wird selbst zugeben, daß sich daraus mancherlei schließen läßt.

Dazu kömmt nun weiter noch, daß besagter Graf Toulouse „um dieselbe Zeit die Summe von sechstausend Livres ausbezahlt erhielt". Der Herr Verf. sagt uns nicht, von wem er dieselben ausbezahlt erhielt. Etwa durch gütige Vermittlung eines Gesandten? Vielleicht findet sich auch darüber Aufschluß in den Papieren des Grafen Lehrbach. Aber über den Zweck dieser Ausbezahlung ist der Herr Verf. nicht im Zweifel. Er sagt: „Wozu das Geld verwendet werden sollte, ist unschwer zu erkennen; es galt, den von der Partei lange vorbereiteten Schlag zu führen." Woher weiß das der Herr Verfasser? Vielleicht könnte man auch an andere Zwecke denken, welche einem jungen Grafen, zumal wenn er als ein Mann vom »ancien régime« an „Spiel und Liebschaften" Freude hat, näher liegen konnten. Wir werden eben die Veröffentlichung der Originaldokumente abwarten müssen. Bis dahin wissen wir noch immer nichts Gewisses.

5.

Zum Schlusse noch ein paar einzelne Bemerkungen, wie sie sich beim Durchlesen der Broschüre aufdrängen.

Nachdem der Verf. bewiesen zu haben glaubt, daß Graf Lehrbach unschuldig sei, fährt er (S. 45) fort:

„Wenn Derjenige die That nicht begangen hat, welcher erkennen mußte, daß sie gegen sein Interesse stritt, so haben sie Diejenigen begangen, welche so einfältig waren, zu glauben, daß sie in ihrem Interesse lag."

Das ist also, wie man sieht (mit einer kleinen Abänderung), der Standpunkt von Gentz (is fecit, cui prodest) mit allen seinen Schwächen, ein Standpunkt, auf welchem man, wenn man will, die halbe Welt schuldig finden kann. Herr von Gentz beweist mit seinem Motto die Schuld des französischen Direktoriums, Herr M.=B. will mit dem gleichen Motto die erbittertsten Gegner des Direktoriums überführen, und zuletzt könnte man auf demselben Wege sogar die preußischen Gesandten in Verdacht bringen: diese waren ja am 28. April noch in Rastatt, und bei der bekannten Rivalität zwischen Preußen und Oestreich hätten ja am Ende auch diese Gesandten denken können, daß die durch östreichische Husaren auszuführende That für Preußen von Nutzen sein könne!

Mit der Beschränkung auf die „Einfalt" ist nicht viel gewonnen. Auch Napoleon, welchen noch Niemand für einfältig erklärt hat, ließ gegen alles Völkerrecht den Herzog von Enghien verhaften, aber an dem Tode desselben wollte hinterher Niemand schuld sein. So kann auch Graf Lehrbach, bei all' seinem Verstande, den Ueberfall veranlaßt haben, ohne den Mord zu beabsichtigen. — Wollte man das Motto von Gentz auf den in der Broschüre erwähnten Fall des Herzogs von Enghien anwenden, so müßte man eigentlich den König Louis Philippe im Verdachte haben, denn auf diesen gieng später die ungeheure Erbschaft des letzten Condé über. Und in der That ist ihm etwas Derartiges begegnet. Man hat ihn, wegen der Erbschaft, verdächtigt, den Tod des im Jahre 1830 durch Selbstmord verstorbenen Condé (des Vaters des 1804 erschossenen Herzogs von Enghien) auf dem Gewissen zu haben. Aber die französischen Gerichte urtheilten nicht nach dem zweischneidigen Satze is fecit, cui prodest, sondern untersuchten die Sache gründlicher, als wir es mit dem Rastatter Gesandtenmord zu thun vermögen.

Der Unwille, welchen Graf Lehrbach ausdrückt, scheint sich nach der eigenen Darstellung des Herrn M.=B. noch mehr gegen die Art, wie man den Ueberfall besprach, als gegen die That selber zu wenden. Er beklagt sich (S. 39), "daß Graf Rechberg das Geschehene zu diesseitigem Nachtheile in den schwärzesten Farben dargestellt habe", und er findet es (S. 41) schändlich, "daß man über zufällige Vorfälle so viel spricht, auch Gift ausgießt", während man über die von französischen Truppen begangenen Unthaten schweige. Das ist aber am Ende nicht viel besser, als die Antwort des "rohen" Burkhard, welcher die Bedeutung der That dadurch zu vermindern sucht, daß er sagt, "auch ihnen seien Generale todtgeschossen worden."

Eigenthümlich ist die Darstellung des Verfassers in Bezug auf die Ausweisung der Gesandten. Ein Befehl des Erzherzogs Karl, datirt Stockach 25. April, autorisirt den Obersten Barbaczy (S. 23), die französischen Gesandten sofort auszuweisen, was gewiß höchst natürlich war, nachdem der Krieg wieder begonnen hatte, der Kongreß für beendigt erklärt und die Neutralität von Rastatt gekündigt worden war, zumal da die französischen Gesandten ihren verlängerten Aufenthalt daselbst nur dazu benützten, um in Deutschland zu wühlen. "Aber", sagt der Herr Verf., "Alles hieng davon ab, in wessen Hände die Ausführung dieses Befehles gerieth". Also wenn eine Regierung die Polizei einer Stadt beauftragt, einen Fremden auszuweisen, so hängt Alles davon ab, wer diesen Befehl auszuführen hat. Der Eine wird ihn einfach vollziehen, wie er lautet, während der Andere den Fremden vor den Thoren der Stadt zusammenhauen läßt. Daß in diesem Falle das Letztere geschah, kömmt nach dem Verf. (S. 52) daher, daß es den "Emigranten" gelang, den rohen, unwissenden Burkhard zu übertölpeln und ihm den "strengen" Befehl des Erzherzogs "in blutigem Sinne auszulegen". — Eine eigene Art von "Auslegung".

Eigenthümlich ist ferner auch, was wir (S. 32) über das Verhalten des Obersten Barbaczy lesen. Den Legations=Secretär, welcher ihn nach dem Morde im Auftrage der deutschen Gesandten um sicheres Geleit für die Geretteten bitten sollte, läßt er nicht vor, — „und wenn er von Gott dem Vater und von Gott dem Sohne käme", — aber die schriftliche Antwort, welche er auf das Schreiben der Gesandten gab, war beruhigend und eines Mannes von Ehre und Gefühl würdig. Fürchtete er etwa, bei einer mündlichen Besprechung sich zu verrathen?

Noch bezeichnender ist aber die Bemerkung auf S. 52. Dort wird gesagt: „Auch Barbaczy, so mannhaft er später seine Entrüstung über das Geschehene aussprach, mag die Absichten der Emigranten gekannt und deshalb wenigstens den Vorwurf verdient haben, daß er sich der blutigen Auslegung (!) jener strengen Ordre nicht widersetzte."

Also zuerst kennt er die Absicht des Mordes und läßt zu, daß er durch seine eigenen Leute ausgeführt wird, aber hinterher spricht er sich mannhaft dagegen aus. Dieser häßliche Widerspruch kann offenbar nur dadurch gehoben werden, daß man annimmt, Barbaczy sei durch Instructionen (welche ohne Zweifel nicht vom Erzherzog Karl herrührten, aber ihm sicherlich auch nicht von den Emigranten ertheilt werden konnten) verhindert gewesen, etwas gegen den Mord zu thun. Er gehorchte als Soldat, aber als Mensch verurtheilte er hinterher die That. Gewiß hat dieser Mann, welcher nachher vom Erzherzog Karl zur Rechenschaft gezogen wurde, auch im Verhör mannhaft gesprochen und kein Blatt vor den Mund genommen, woraus es sich erklären wird, daß man „in Wien über die eigentlichen Anstifter des Mordes auf die Dauer nicht mehr im Zweifel sein konnte", und gerade deshalb wäre es so wünschenswerth, daß der Herr Verf. auch die Untersuchungsakten veröffentlichen dürfte.

Mit diesem Wunsche schließe ich hier und lasse jetzt die Aufzeichnungen meines Vaters nachfolgen, welche zwar Vieles enthalten, was längst bekannt ist, aber gleichwohl auch hierin dem mit jenen Vorgängen weniger bekannten Leser willkommen sein können und manchem seiner noch lebenden Schüler zur freundlichen Erinnerung an ihren ehemaligen Lehrer der Geschichte dienen mögen.

Karlsruhe, 3. April 1869.

E. Bandt.

II.

Gesandtenmord bei Rastatt,

am 28. April 1799, Abends zwischen 8 und 9 Uhr.

(Aus den hinterlassenen Papieren von J. Fr. Th. Zt.)

Diese unerhörte Frevelthat wurde zwar auf deutschem Boden, doch nicht von Deutschen, sondern von Husaren des in östreichischen Diensten stehenden hungarischen Regiments Szekler Husaren verübt.

Es wäre zu wünschen, daß diese schändliche That ganz aus der Geschichte vertilgt werden könnte. Da dieses aber nicht möglich ist, so muß wenigstens die Wahrheit des Factums gegen Verfälschung (durch unrichtige Darstellungen) von den Zeitgenossen, welche in der Lage waren, genauere Nachrichten davon zu erhalten, gesichert werden. Dieses ist der Zweck der folgenden Zeilen.

Nach dem am 17. October 1797 zu Campo-Formio zwischen dem östreichischen Kaiser und Frankreich geschlossenen Frieden sollte zu Rastatt ein **Friedens-Congreß** gehalten und auf demselben auch der Friede zwischen dem deutschen Reiche und Frankreich verhandelt werden. Im November 1797 kamen auch östreichische, preußische und andere Gesandte deutscher Reichsfürsten zu Rastatt mit französischen Gesandten zusammen. Nachdem die Verhandlungen 1½ Jahre gedauert hatten, endigte der Congreß mit der schrecklichen Ermordung der französischen Friedensgesandten vor den Thoren von Rastatt.

Am 1. März 1799 begann nämlich der **Krieg** von Neuem, indem die französische Armee unter Jourdan über den Rhein und hierauf auch die östreichische Armee unter Erzherzog Karl aus Baiern über den Lech nach Oberschwaben vorrückten. Die Franzosen wurden geschlagen, zogen sich über den Rhein zurück, Jourdan legte das Kommando nieder, welches Masséna, Befehlshaber der französischen Armee in der Schweiz, nunmehr auch über die Rheinarmee übernahm.

Als nun die östreichischen Truppen, in Folge der Siege bei Ostrach und bei Liptingen, vorrückten, kam das unter den vordersten befindliche Regiment „Szekler Husaren" in die Gegend von Rastatt. (Dasselbe war ganz dunkelblau gekleidet; zu Anfang des Mai kam an ihre Stelle das Regiment „Kaiser Husaren" — grün mit rothen Aufschlägen —, und die Szekler kamen nach Pforzheim und Umgegend, wo sie mehrere Tage lagen.)

Die östreichischen Gesandten hatten sich bereits von Rastatt nach Haus*) begeben, und da der Obrist des Regiments Szekler Husaren „Barbaczy" dem Directorial=Gesandten v. Albini auf eine Beschwerde geantwortet hatte, er könne, da die gegenwärtigen Kriegsumstände das Patrouilliren in und um Rastatt erheischten, dieser Stadt keine ungestörte Sicherheit gewähren, so machten auch die übrigen Gesandten sich zur Abreise bereit.

Am 28. April Abends 7 Uhr**) traf ein Schreiben des östreichischen Obersten Barbaczy an die französischen Minister aus Gernsbach ein: „Sie würden selbst einsehen, daß in den von k. k. Truppen besetzten Positionen kein französischer Bürger geduldet werden könne, weswegen er ihnen andeuten müsse, binnen 24 Stunden Rastatt zu verlassen." Sie verlangten hierauf eine Escorte, und obgleich ihnen das abgeschlagen

---

*) Graf Lehrbach scheint sich nicht sofort, nach seiner Abreise von Rastatt, nach Wien begeben zu haben. — Anm. von E. Z.

**) Aus der Schrift des Hrn. M.=W. (S. 21) ist zu entnehmen, daß die Wagen der französischen Gesandten an diesem Tage schon seit Morgens acht Uhr zur Abreise bereit im Schloßhofe standen. E. Z.

wurde, so reisten sie dennoch Abends nach 8 Uhr, nachdem sie am Thore lange aufgehalten worden waren, mit ihrem Gefolge ab.

Sie waren in fünf Wagen, welche von Markgräflich badischen Stallbedienten geführt wurden.*)

Nicht nur die Thore von Rastatt, sondern auch der an den Rhein führende Weg war von Szekler Husaren besetzt, welche die an der Brücke mit Fackeln aufgestellten Polizeidiener Patrioten schalten, ihre Fackeln auslöschten und sie fortjagten.

Noch ganz nahe bei der Stadt wurde der erste Wagen, in welchem Jean de Bry mit seiner Gattin und zwei Töchtern saß, von Szekler Husaren angehalten. Er wurde in französischer Sprache gefragt: est-ce que tu es Jean de Bry? und auf seine Bejahung und Vorzeigung des Passes, wurde dieser zerrissen, er selbst sowie seine Frau und Töchter gewaltsam aus dem Wagen gerissen, und auf ihn losgehauen. Unter den Streichen sank er nieder und wurde für todt gehalten. Der Wagen wurde geplündert und den Frauenzimmern ihre Kostbarkeiten genommen, auch die . . . .**) gen sitzenden Secretär und Kammerdiener, die sich als Bediente angaben, wurden zwar mißhandelt, geplündert, aber nicht ermordet.

Im dritten Wagen saß Bonnier, der, als er sich genannt hatte, herausgerissen und zusammengehauen wurde, so daß er auf der Stelle todt blieb.

Im vierten Wagen befand sich der Gesandtschafts-Secretär Rosenstiel, der, von seinem Bedienten aufgefordert, zu

---

*) Hierzu ist am Rande des Manuskripts die Bemerkung nachgetragen:
„Das Zeugniß von diesen wurde nicht verlangt, — es hieß: da sie nicht französisch und ungarisch verständen, so wüßten sie nicht, ob die Husaren Szekler oder Franzosen gewesen seien!"
**) Das Papier des Manuskripts ist an dieser Stelle beschädigt, aber offenbar soll es heißen, „auch die im 2. Wagen sitzenden", da von diesem zweiten Wagen nachher nicht mehr die Rede ist. E. B.

fliehen, aus dem Wagen sprang und durch die Gärten sich in die Stadt rettete.

Im fünften Wagen saß Roberjot mit seiner hochschwangeren Gattin. Husaren hieben die Glasfenster seines Wagens zusammen. Nachdem sie nach dem Paß gefragt, diesen zerrissen, ihn selbst aus dem Wagen gezogen hatten, hieben sie auf ihn los, und als seine Gattin noch Lebenszeichen an ihm bemerkte und rief: Sauvez! sauvez! hieben sie noch stärker auf ihn ein, und da seine Gattin sich auf ihn stürzen und auch zusammenhauen lassen wollte, so zog sie der Kammerdiener zurück. Dieser wurde, als er die Frage, ob er Bedienter sei, bejaht hatte, nicht weiter mißhandelt, aber seines Geldes und seiner Uhr beraubt, ebenso Mme. Roberjot. — Die Wagen blieben in der Gewalt der Husaren.

Als das Gerücht von dieser Gräuelthat zu den Ohren der übrigen Gesandten drang, eilten diese zu dem in Rastatt commandirenden (östreichischen) Rittmeister Burkhard, und erlangten endlich nach langem Weigern, daß er versprach, einen Offizier und sechs Husaren mit dem badischen Major von Harrant und zwei badischen Husaren auf die Straße nach Plittersdorf (am Rheine) abzusenden. Der Major von Harrant, welchem inzwischen, statt des zugesicherten Offiziers, nur ein Wachtmeister zugegeben war, fand die Wagen noch auf dem Platze der Gräuelthat, von etwa 50 Szekler Husaren (wobei er keinen Offizier erkennen konnte) umringt, die mit Fackeln versehen und im Begriff waren, die Wagen mit allen darin befindlichen, meistens in der Betäubung liegenden Menschen, um die Stadt herum abzuführen, indem sie dem Major v. Harrant erklärten, die Wagen seien ihre Beute.

Nur mit der äußersten Mühe und durch die mit Ernst und Drohung ausgesprochene Erklärung, daß er im Namen des Rittmeisters als der einzige Offizier jetzt hier commandire und allein über die Wagen zu disponiren habe, brachte Major v. Harrant die Wagen nach der Stadt zurück. Die Frauen von Jean be Bry und von Roberjot, die Töchter des ersteren, die Secretäre und die Bedienten saßen darin. Mehreren waren die Uhren und das Geld, das sie bei sich hatten, geraubt, mörderisch jedoch nur die drei Gesandten angefallen worden.

Diese Wagen hielten nun vor dem Schloß, in welchem die Gesandten ihre Wohnung gehabt hatten. Viele Personen wollten sich ihnen nähern, um zu trösten und zu helfen, aber Niemand, auch die vornehmsten Gesandten nicht, wurde zugelassen, bis endlich militärische Erlaubniß kam, wo dann die in ihrem Wagen halbtodt (ohne Besinnung) liegende Mme. Roberjot in das Haus des preußischen Gesandten, Frhrn. v. Jacobi, vor welchem der Wagen hielt, getragen wurde. Mme. Jean de Bry und ihre Töchter mußten auf der Straße aussteigen,*) weil man nicht erlauben wollte, daß die Wagen in das Schloß fuhren; diese mußten vielmehr nach der Wache im Ettlinger Thor, das, wie die übrigen Thore, von Szekler Husaren besetzt war, gebracht werden.

Major v. Harrant hatte, nachdem er für die Verbringung der Wagen nach der Stadt gesorgt hatte, sich bemüht, den Jean de Bry aufzusuchen, den man weder lebendig noch todt gefunden hatte. Er hatte sich erboten, unter Bedeckung von ein Paar k. k. Husaren mit den Seinigen ins Gehölz zu reiten, um ihn durch Rufe bei seinem Namen zu entdecken. Aber die Husaren hatten ihm diese Bedeckung verweigert, weil man im Walde auf andere k. k. Patrouillen stoßen könne, welche in der Dunkelheit der Nacht ihre eigenen Leute nicht kennen und sie anfallen würden. Major von Harrant mußte demnach die Ausführung seines Vorhabens bis zum Tagesanbruch aussetzen.

Morgens 4 Uhr ritt er mit dem Grafen Solms und zwei

---

*) Hierzu ist am Rande die Bemerkung nachgetragen: Sie wurden zu Fuße von mehreren diplomatischen Personen nach ihrem bisherigen Quartier im Schloß geführt.

badischen Husaren unter Escorte eines kaiserl. Korporals und vier östreichischer (Szekler) Husaren ab, fand zwar Jean de Bry nicht, erfuhr aber einen zur Aufklärung der Geschichte sehr erheblichen Umstand: Wie nämlich der Major v. Harrant sich bei dem Schulzen im Dorfe Rheinau nach einer Spur von Jean de Bry erkundigte, erfuhr er, daß auch kaiserl. Szekler Husaren dort bereits eben diese Erkundigung nach einem geflüchteten Franzosen, an dessen Wiedereinbringung ihnen Alles gelegen, angestellt, dabei aber ausdrücklich und angelegentlich verlangt hätten, wenn man diesen, nach seinem Aeußern und nach seiner Kleidung beschriebenen Franzosen fände, solle man ihn ja nicht nach Rastatt, sondern um die Stadt herum durch einen bezeichneten Weg nach Muggensturm bringen, oder ihn nur sicher verwahren und melden, daß sie ihn abholen könnten.

Indessen kam Jean de Bry von selbst, Morgens 7 Uhr (am 29. April) in die Wohnung des preußischen Ministers, des Grafen von Görz. So fürchterlich sein Aussehen war, so rührend waren auch die ersten Ergießungen seines dankvollen Herzens, die er auf die Nachricht, daß auch seine Gattin und seine Kinder lebten, niederknieend, gegen Gott, der ihn wie durch ein Wunder gerettet, ausdrückte. Seine Kleidung war ganz zerhauen, sein linker Arm und die Nase war verwundet, ein Hieb auf den Kopf hatte, weil ein starker Hut und die Perrücke ihn schützten, nur eine starke Contusion veranlaßt, und die Hiebe nach dem Halse waren nur durch die Krägen an Ueberrock, Rock und Weste, und nicht tief eingedrungen; er hatte aber die Besonnenheit gehabt, sich todt zu stellen und als solchen sich ausplündern zu lassen. Dieses rettete ihn. Als die Husaren weg waren, erhob er sich aus dem Graben, in welchen er gefallen oder geworfen worden war, eilte in den nahen Wald und kletterte, da er im Regen sich nicht auf die Erde legen wollte, ungeachtet seines stark verwundeten linken Armes, auf einen Baum, wo er sich bis zum Anbruch des Tages verborgen hielt, worauf er dann den Weg nach der Stadt suchte. Unter der aus der Stadt strömenden Menge, die gekommen war, die Leichname der Ermordeten zu sehen, verbarg er sich, und da er keinen Hut mehr hatte, so entlieh er einen von einem Rastatter Bürger, und kam auf diese Art unbemerkt an der Thorwache vorbei.

Am 29. April wurden die Leichname von Bonnier und Roberjot von Aerzten untersucht und Nachmittags mit großer Feierlichkeit, in Gegenwart des ganzen diplomatischen Korps und unter Paradirung des östreichischen Husaren-Corps begraben.

An eben diesem Tage wurde der Legations-Secretär v. Jordan mit einem Schreiben an den Obrist Barbaczy geschickt, worin von diesem sicheres Geleit für die geretteten Personen der französischen Gesandtschaft verlangt wurde. Herr v. Jordan konnte aber den Obersten selbst nicht sprechen, und obgleich er ihm hatte sagen lassen, daß er nicht nur im Namen der königl. preußischen Gesandtschaft, sondern sämmtlicher in Rastatt befindlicher Gesandten komme, so wurde ihm geantwortet: Der Oberst könne ihn nicht sprechen, und wenn er von Gott dem Vater und dem Sohne komme. Herr v. Jordan hatte alle Mühe, den Rittmeister, welchen er in Rothenfels (halbwegs Gernsbach) traf, zu bewegen, nur das Schreiben an den Oberst nach Gernsbach gelangen zu lassen, da derselbe, wie der Rittmeister sagte, schon Kuriere und Stafetten genug diese Nacht bekommen habe. Doch erhielt Hr. v. Jordan endlich eine Antwort vom Obersten, worin er sicheres Geleit für die Geretteten versprach.

Es wurde nun verabredet, daß sämmtliche gerettete Personen mit ihren Effekten unter Begleitung des Majors v. Harrant mit sechs Mann badischer Husaren und von einem östreichischen Offizier mit acht Mann Szekler Husaren nach Plittersdorf am Rhein gebracht werden sollten.

Am 30. April Nachmittags 1 Uhr begann der Zug. Von dem diplomatischen Corps wurde blos dem Legations-Secretär v. Jordan, welcher durch seine Sendung nach Gernsbach mit dem Militär näher bekannt geworden war, erlaubt, den Zug zu begleiten. Letzteres gereichte den Hauptpersonen sichtbar zum Troste, da sie immer noch kein rechtes Vertrauen gefaßt hatten und leise zusammen sagten: Wir gehen in den Tod, wir werden ermordet.

In einer Viertelstunde war man in Plittersdorf. Das Ueberfahrtsschiff wurde durch einen mitgenommenen Trompeter herübergerufen. Sämmtliche Personen gingen sofort hinein. Bis zu diesem Augenblick waren sie in Todesangst, — die Escorte der Szekler Husaren hatte sich nach und nach bis auf 30 Mann vermehrt — und nun war der Ausdruck des Glaubens an Rettung aus der Todesgefahr unbeschreibbar. Aehnlich waren auch die Aeußerungen des Dankes gegen den Major von Harrant und Legat.-Secr. von Jordan. In einer halben Stunde waren sie über dem Rheine, wo die Gräuelthat noch unbekannt war, und nach der Aussage der zurückgekommenen Kutscher schien es, daß Jean de Bry selbst ihre Bekanntmachung noch zu verhindern bemüht war.

Um diese Zeit, kurz vor dem beklagenswerthen Ereignisse, hatte mir der indeß zu Mannheim verstorbene Hofrichter Frhr. von Drais, der damals zum Chef der Polizei auf dem Friedenscongreß zu Rastatt vom Markgrafen Karl Friedrich ernannt war, nach Pforzheim, wo ich damals Protector war, geschrieben: Die preußischen Gesandten würden nächstens auf ihrer Rückreise durch Pforzheim kommen, ich möchte sie in einige der vorzüglichsten Bijouteriefabriken, auch in die Stifts- oder Schloßkirche (in welcher Monumente und die Gruft der Markgrafen) führen. Nach der Ankunft der preußischen Gesandten, die ich bei dieser Gelegenheit persönlich kennen lernte, — namentlich den Grafen von Görz, den Hrn. von Dohm, den Hrn. von Jordan — wollte ich mich des erhaltenen Auftrags entledigen. Hr. von Dohm antwortete mir: „Nach diesen Vorfällen können wir uns hier nicht aufhalten. So lange wir noch solche Uniformen um uns sehen" (indem er auf östreichische Militärs, die vor dem Fenster vorbeigingen, deutete), „halten wir uns unseres Lebens nicht sicher." Er schenkte mir ein Glas Champagner ein und trank mir's zu, mit den Worten: „Auf das Wohl Badens", worauf ich erwiderte: „Unter dem Schutze Preußens."*) — — —

In der Gesellschaft der preußischen Gesandten befand sich auch der Graf Solms-Laubach, welcher mir u. A. Folgendes erzählte: Am 28. April habe der dänische Gesandte von Rosenkranz abreisen wollen, sei aber von dem in Rastatt kommandirenden Rittmeister der Szekler Husaren, Burkhard, an der Abreise verhindert worden, ungeachtet er — sehr entrüstet darüber — sich auf sein Gesandtschaftsrecht berufen habe. Am folgenden Tage (29.) sei er diesem Rittmeister auf der Straße begegnet, der ihm zugerufen habe: „Nun, habe ich recht gehabt, daß ich Sie gestern nicht fortließ?" Als ihm der dänische Gesandte nachher in Gegenwart anderer Gesandten diese mit ihm gehabte Unterredung vorhielt, habe er erwidert: Wollen Sie mit mir eine Inquisition anstellen?"**)

Bei diesem Anlaß entfielen dem Rittmeister die Aeußerungen: „Es sei ein unglückliches Mißverständniß, bei Nacht

---

*) Leider läßt sich aus dem Manuskripte nicht entnehmen, ob diese Antwort im prophetischen Hinblick auf den Norddeutschen Bund, oder nur im näher liegenden Hinblick auf die Herren Szekler gesprochen wurde. —   C. Z.

**) Auch Hr. M.-B. erwähnt theilweise diesen Vorgang, aber in einer Art, welche die Bedeutung desselben nicht erkennen läßt. Er sagt (S. 24 unten): „Der Kommandant Burkhard wies „einen Diplomaten", der die Stadt verlassen wollte, barsch zurück, und als sich „nun" die Wagen mit der französischen Gesandtschaft in Bewegung setzten, wurden sie „ebenfalls" am Rheinthor aufgehalten und die Durchfahrt verweigert." Das sieht ganz darnach aus, als habe der Rittmeister nur „gleiches Maß" für Alle gehabt. Weiterhin (S. 29) heißt es: „Den Dänischen Gesandten Rosenkranz fuhr er unwirsch an: Wollen Sie mit mir eine Inquisition anstellen?" Aber Niemand kann errathen, daß das der „Diplomat" von S. 24 ist, und noch weniger, was dieser dem Hrn. Rittmeister vorgehalten hatte.   C. Z.

ſtreiften freilich Patrouillen umher, da könne dergleichen leicht geſchehen, die franzöſiſchen Miniſter hätten nicht bei Nacht reiſen ſollen" (und doch hatte man ſie am Thore lange aufgehalten, bis die Nacht eingebrochen war). — „Es ſei ein Unglück, aber wer dafür könne? auf Befehl ſei es nicht geſchehen." — Als man ihm das Entſetzen zu erkennen gab, welches dieſe Aeußerung nur der Möglichkeit eines ſolchen Verdachts in jedem ehrliebenden Manne erregen müſſe, habe er die Größe des Verbrechens dadurch zu mindern geſucht, daß er ſagte: „Auch ihnen ſeien Generale todt geſchoſſen worden."

Noch bemerke ich folgende, hier nicht unbedeutende Thatſache: Um jene Zeit, zu Ende des Aprils 1799, waren, in Folge des Vorrückens der öſtreichiſchen Armee, Flöße, die der Schifferſchaft in Pforzheim gehörten, auf dem Neckar bei Heilbronn angehalten worden. Dieſe Schifferſchaft beſchloß deswegen, durch eine Vorſtellung an den Erzherzog Karl, deſſen Hauptquartier ſich in Stockach befand, um Aufhebung dieſes Arreſtes zu bitten, da dieſe Flöße nur die Beſtimmung hätten, nach Holland verſchifft zu werden, wozu der dermalige Waſſerſtand benützt werden müſſe. Ein längerer Aufenthalt könne zu ihrem großen Schaden die Verſchiffung des Holzes um ein ganzes Jahr verzögern. Mit dieſer Vorſtellung wurde ein Expreſſer, der damalige Notar Mezger (welcher 1837 als Kreis-Secretär in Freiburg geſtorben iſt) aus deſſen Munde ich das Nachſtehende habe, abgeſchickt.

Er war zu Pferde, und indem er den Weg von Pforzheim durch das Nagoldthal aufwärts nahm, traf er in Freudenſtadt mit einem Szekler-Huſaren-Offizier zuſammen, der als Kurier von Gernsbach durch das Murgthal in's Hauptquartier eilte. Dieſer that ſehr eilig und war ſehr unzufrieden, weil keine Postpferde zu Hause waren und man dieselben erst vom Felde holen mußte. Während dieses Aufenthaltes erwähnte Mezger den Zweck seiner auch in's Hauptquartier gehenden Reise. Nachdem endlich der Offizier weiter befördert war, sagte der Posthalter zu Mezger: „**Wissen Sie auch, was dieser Offizier bringt? Die französischen Gesandten sind von Szekler Husaren bei Rastatt ermordet worden.**" Dieses hatte der Offizier dem Posthalter gesagt, um ihm die Dringlichkeit seiner Reise zu beweisen.

Als Mezger nach seiner Ankunft in Stockach jenen Offizier in der Wirthsstube traf, richtete dieser die Frage an ihn: „Was haben's gut's Neu's?" Mezger antwortete: „Ich? Nichts; Sie aber haben die Neuigkeit mitgebracht, daß die Szekler Husaren die französischen Gesandten ermordet haben." Hierauf antwortete damals der östreichische Offizier nichts." Mezger, welcher seine Angelegenheit bei Faßbender, der bei Erzherzog Karl in hoher Achtung stand, anbringen wollte, suchte bei demselben um Gehör an und wurde in ein Zimmer geführt, in welchem mehrere Kistchen, wie sie in Reisewagen passen, an den Wänden am Boden umherstanden. Er mußte lange warten, während mehrere Secretäre Papiere in Form von Akten-Fascikeln aus den Kistchen hervorlangten, wobei er mehrmals den Ausruf von Einem zu dem Andern hörte: „Verflucht! sieh einmal her!" Endlich erschien Faßbender, welcher, da er sah, daß man diesen Fremden zum Anblick dieser Dinge geführt hatte, einen zornigen Blick auf die Secretäre warf, den Hrn. Mezger aber höflich in ein anderes Zimmer führte, dort sein Anliegen vernahm, worauf er in einigen Tagen mit einer günstigen Resolution nach Pforzheim zurückkehren konnte. — Kurz vor seiner Abreise erblickte der erwähnte Offizier ihn noch einmal in der allgemeinen Wirthsstube unter einer Menge anderer Personen, drängte sich zwischen diesen hindurch zu Mezger und sagte zu ihm: „**Sie müssen nicht sagen,** die Szekler hätten die Gesandten ermordet, die Franzosen haben es gethan."

―――――

Fast sollte man glauben, die Szekler Husaren, die Anfangs ihre That nicht zu verheimlichen suchten, z. B. die Wagen der französischen Gesandten als ihre gute Beute erklärten, u. s. w. seien jetzt erst zu der Erkenntniß gekommen, daß die verruchte That nicht mit Billigung des höchsten Armee=Commando's ver= übt worden sei, sondern auf's tieffste verabscheut werde, wes= wegen sie ihre Sprache änderten. Selbst Barbaczy scheint in diesem Irrthume befangen gewesen zu sein. Er hatte sich, bei der vorrückenden Bewegung der bisher in Gernsbach gelegenen Szekler Husaren gegen Rastatt, auch selbst nach Rothenfels begeben und bei dem dortigen katholischen Pfarrer Dietz*) sein Quartier genommen. Er schien sehr unruhig, verließ auch das Pfarrhaus wieder mit der Aeußerung: „Er werde diese Nacht mehrere Stafetten bekommen, er begebe sich deßhalb in's Wirths= haus, um den Herrn Pfarrer nicht zu incommodiren."

(Das Gerücht ging, es sei ein falscher Befehl mit der nach= gemachten Unterschrift des Erzherzogs Karl, über deren Aehn= lichkeit dieser, als sie ihm vorgelegt wurde, selbst erstaunt ge= wesen sein soll, zu Kannstadt**) in das Militärpaket hinein practicirt worden.)

―――――

Nach einem anderen Gerüchte hatte Graf L...... bei seiner Abreise von Rastatt seinen Bedienten, Namens

―――――
*) Hierzu am Rande die Bemerkung: „Der mir dieses selber erzählte."
**) Wo war wohl damals Graf Lehrbach? — Von Rastatt war er, wenn ich nicht irre, am 13. April abgereist.   E. 3.

George, einen geborenen Franzosen, in Rastatt zurückgelassen. Dieser sei es gewesen, der, in Szekler Husaren-Uniform verkleidet, die Mordthat geleitet, hauptsächlich, der die französischen Gesandten um ihre Namen und Pässe gefragt habe. — Gewiß ist, daß dieser George erst einige Tage nach dem Gesandten-Mord von Rastatt abgereist ist. Ich habe ihn bei seiner Rückreise in Pforzheim an der dortigen Post gesehen. Posthalter Roth nannte mir ihn als den Bedienten des Grafen L...... —

Da in einer so wichtigen Sache nichts, was zur Aufhellung der Wahrheit dienen kann, klein ist, so mag auch noch Folgendes hier beigefügt werden:

Bei dem Vorrücken der Szekler Husaren von Gernsbach nach Rastatt am 28. April 1799 erbat sich ein Offizier derselben von der Wirthin des Gasthofes zum Bock (sie hieß „Hennenhofer") Silbergeld für einen doppelten Louisd'or von 22 Gulden, unter der Bedingung, denselben, wenn er könne, wieder einzuwechseln. Die ausgerückten Husaren kamen schon am folgenden Tage zurück, und nun wechselte obiger Offizier nicht nur den doppelten Louisd'or, sondern so viel Gold, als er erhalten konnte, gegen Silber und Agio ein. — Von den gemeinen Husaren wurden in Gernsbach Kleidungsstücke von Bonnier verkauft, auch kam diese Wirthin dazu, wie bei ihr einquartierte Offiziere einen dunkelblauen Mantel von feinem Tuch zerschnitten, um sich Uniformen daraus machen zu lassen; u. s. w.

Als Se. Majestät der Kaiser Franz II. von diesem gräulichen Verbrechen Nachricht bekam, so erregte sie in seinem edlen

Gemüthe, sowie in dem seines gleichgesinnten und ruhmvollen Bruders, des Erzherzogs Karl, den tiefsten Abscheu. Das vom 6. Juni 1799 datirte und am 9. Juni beim Reichstag zu Regensburg dictirte kaiserliche Hofdecret fand nicht Worte genug, um das höchst empörte moralische und rechtliche Gefühl des Reichsoberhauptes auszudrücken.

„Se. kaiserliche Majestät erklären zugleich vor der all=
„gemeinen Reichsversammlung, dem gesammten deutschen
„Publikum und ganz Europa auf das feierlichste: daß nur
„die vollkommenste Genugthuung, mit Hintansetzung aller
„nur denkbaren Rücksicht, wen immer der unparteiische
„Ausspruch der strafenden Gerechtigkeit für schuldig er=
„klären würde, die gerechten Empfindungen des Reichs=
„oberhauptes befriedigen könne. Er wünsche zugleich, um
„allen Verdacht der Connivenz möglichst zu entfernen, daß
„die allgemeine Reichsversammlung einige Deputirte aus
„ihrer Mitte ernennen möchte, um durch ihren Beirath
„die ganze unparteiische Welt zu überzeugen, daß Kaiser
„und Reich von einerlei Empfindungen zur Handhabung
„der strengsten Gerechtigkeit und Leistung der vollkommen=
„sten Genugthuung von gleichem gerechtem Abschen gegen
„eine so ruchlose Schandthat und gleicher pflichtmäßiger
„Achtung für Moralität und die geheiligten Grundsätze
„des Völkerrechts durchdrungen seien."

Die Abstimmung über dieses kaiserliche Hofdecret vom 6. Juni dauerte vom 29. Juli bis 9. August. Die meisten Stimmen wollten, daß die Untersuchung über die Ermordung der französischen Gesandten bei Rastatt Sr. kaiserlichen Majestät gänzlich anheimgestellt werde. Nur drei Stimmen trugen auf eine beizugebende Deputation an. Von diesen äußerte Bremen (Großbritannien) in seinem merkwürdigen Votum: „Se. königl. Großbritannische Majestät sei im Voraus schon überzeugt ge= wesen, daß Se. kaiserl. Majestät bei der so beispiellos schreck=

lichen Gräuelthat eine solche ernstliche Untersuchung und Aufklärung verfügen würden, daß für die Ehre von Deutschland keine Spur von der Schandthat auf dem deutschen Boden zurückbleiben könne. Bremen trage demnach darauf an, daß die Untersuchung in Regensburg unter den Augen zweier Comitial-Minister geschehe, wo zugleich die Art und Weise, wie den Ministern der Reichsdeputation und anderen Gesandtschaften von den Szekler Husaren und deren commandirenden Offizier begegnet worden sei, untersucht und gerügt werden sollte."

Allein, da nach der preiswürdigsten Sprache, bei der weltbekannten Gerechtigkeitsliebe Sr. Majestät des Kaisers, das **Mittel**, dem gerichtlichen Verfahren eine noch glaubwürdigere Gewißheit und noch mehr Kraft der Legalität (durch Beigebung von Reichsdeputirten) zu verschaffen, die Justiz und den großen Zweck des kaiserlichen Hofdecrets, nämlich die Ausforschung der Thäter und ihre gesetzliche Qualifizirung zur verdienten Strafe, **nur aufhalten würde**, so erfolgte am 9. August das **Reichsgutachten**:

„Da Kaiser und Reich von einerlei Empfindungen zu
„Handhabung und Beschleunigung der strengsten Gerechtig-
„keit durchdrungen seien, **so überlasse man der Weis-
„heit Sr. kaiserl. Majestät die Fortsetzung und
„Beendigung der Untersuchung mit dem voll-
„sten Vertrauen.**"

Die kriegerischen Begebenheiten dieses Jahres (1799) waren fast alle — die Tage bei Zürich und bei Alkmar in Holland (25. September und 18. October) ausgenommen — glücklich für die Alliirten gewesen. Man erwartete im Laufe dieses Jahres begierig, doch in Geduld, die versprochene offizielle Bekanntmachung der gepflogenen Untersuchung. Allein es verlautete nichts. Nur las man in öffentlichen Blättern in der Mitte des Octobers, nachdem die Untersuchung gegen sechs Monate gedauert hatte, die kurze Nachricht:

„Die Untersuchung wegen Ermordung der französi=
„schen Gesandten bei Rastatt ist geschlossen, und die
„Acten sind von der Kommission nach Wien gesandt
„worden."

Leider ist seit dieser langen Zeit das so feierlich vom Kaiser gegebene Versprechen nicht erfüllt worden, und die Räthe des guten Kaisers haben sehr übel daran gethan, daß sie ihren Herrn nach 37 Jahren († 1835) ins dunkle Grab hinabsteigen ließen, ohne dieses so feierlich gegebene Wort zu lösen.

Namentlich können diejenigen Personen über dieses Still= schweigen klagen, die etwa ungerechter Weise in Verdacht ge= kommen sind, aus politischem Fanatismus und Franzosenhaß auf irgend eine Art an dieser Frevelthat Theil genommen zu haben.

Einige Schriftsteller haben damals zu behaupten versucht*), der Mord sei durch in Szekler Husaren verkleidete Franzosen verübt worden. Diese Behauptung konnte schon damals bei Niemand, der Gelegenheit hatte, dieselbe mit Kennt= niß der einzelnen Umstände und der bekannt gewordenen That= sachen zu prüfen, Glauben finden. Jetzt vollends ist sie — so bereit man auch war, dieselbe zu glauben, wenn sie hätte

---

*) Hierzu am Rande die Note: z. B. der preußische Kriegsrath v. Gentz, der in seinem historischen Journal diese Ansicht (mit dem Motto: is fecit, cui prodest) behauptet hatte, und welcher „wegen des edlen in seinen Schrif= ten herrschenden Geistes und der lichtvollen Darstellung ächter Grundsätze" auf Befehl des Kaisers von dem St.=Minister Gr. von Saurau mit einem Belobungsschreiben und einer goldenen Dose beschenkt wurde. Derselbe trat bekanntlich später in österreichische Dienste, machte sich um diese Regierung durch seine diplomatischen Arbeiten verdient, und wurde dafür geehrt und belohnt.

als wahr bewiesen werden können — durch das gänzliche Stillschweigen in der indeß verflossenen langen Zeit auf's vollkommenste widerlegt. Denn wer kann glauben, daß die Untersuchungsrichter, welchen alle Mittel zu Gebote standen, die Wahrheit zu erforschen, wenn sie dadurch in Stand gesetzt worden wären, ein solches Ergebniß ihrer Untersuchung, mit Urkunden belegt, bekannt zu machen, dieses zu thun versäumt und die so erwünschte Gelegenheit nicht benützt haben würden, den Vorwurf einer so gräßlichen That von der deutschen Nation weg und auf die verhaßten Feinde*) des deutschen Reichs zu

---

*) Für ehemalige Schüler meines Vaters, welche sich etwa noch erinnern sollten, daß er bei seinem Geschichtsunterrichte sehr bestimmt auf die Möglichkeit einer Betheiligung von Emigranten hinzuweisen pflegte, kann es auffallend sein, daß hier so allgemein von den Franzosen die Rede ist und dadurch jeder Gedanke an die Emigranten ausgeschlossen scheint. Auch mir ist es ebenso ergangen, als ich kürzlich die obige Stelle — seit langer Zeit zum ersten Male wieder — las. Indessen ist diese Stelle zunächst doch nur gegen die Ansicht von Gentz gerichtet, welcher es mit dem Direktorium zu thun hatte, und für den „Untersuchungsrichter", von welchem hier die Rede ist, gehörten die Emigranten nicht zu den „verhaßten Feinden" (ein Theil derselben stand ja sogar kämpfend, und sehr wacker kämpfend, auf Seiten der Oestreicher). Man kann daher sehr wohl annehmen, daß das Obige sich nicht auf die Emigranten beziehen solle, und daß das Schlußwort des ganzen Aufsatzes (s. unten: „Wer aber verborgen die Hand im Spiele hatte" u. s. w.) auch den Gedanken an die Emigranten nicht ausschließen will. — Möglich wäre es aber doch immerhin, daß die obige (in den letzten Lebensjahren geschriebene) Stelle eine umfassendere Bedeutung haben und ausdrücken sollte, daß durch das so lange fortgesetzte Schweigen der östreichischen Regierung auch die Betheiligung der Emigranten an Wahrscheinlichkeit verloren habe, denn für ihn, nach seiner Art zu denken, gehörte die Annahme, daß man „um der Emigranten willen" so lange Jahre den Verdacht auf dem deutschen Namen sitzen lassen könne, jedenfalls zu den unbegreiflichen Dingen. — Positive Anhaltspunkte, welche auf eine Schuld der Emigranten hinweisen konnten, besaß er (außer dem Umstande, daß bei dem Morde ein paar französische Worte gesprochen wurden) keine, sonst hätte er sie sicherlich hier mitgetheilt.   E. Z.

wälzen? Da sie dieses nicht thaten, so schließen wir wohl mit
Recht, daß sie jene Behauptung nicht bestätigen konnten, so er=
wünscht auch dieses ihnen selbst und der ganzen Nation gewesen
wäre; daß das Resultat ihrer Nachforschung vielmehr ein ganz
anderes war, welches sie aber nicht sagen wollten oder nicht
sagen durften.

***

Die Untersuchungsakten liegen nun verschlossen, und
die jetzige Generation darf nicht auf ihre Eröffnung hoffen.
Indeß ist diese traurige Begebenheit ein Theil der neueren
Weltgeschichte, und wer künftig hierin nach Wahrheit forscht,
wird berechtigt sein, die Zeitgenossen jener That anzuklagen,
wenn sie Das, was sie zur Aufhellung der Wahrheit hätten bei=
tragen können, der Vergessenheit überlassen. Um diesen Vor=
wurf nicht zu verdienen, habe ich nun, im 79. Jahre meines
Lebens, wo also nicht mehr zu zögern ist, die Erzählung dieser
von mir erlebten Begebenheiten niedergeschrieben, in der Ab=
sicht, damit etwas zur Bezeugung der Wahrheit beizutragen.

***

Gewiß ist für mich zunächst so viel, daß es **Szekler Husaren**
waren, welche jenen mörderischen Ueberfall ausführten.

Der Umstand, daß die Frauen und Töchter der Gesandten und
auch die übrigen Personen, welche sich für Bediente ausgaben,
außer der Beraubung nicht verletzt wurden, scheint zu be=
weisen, daß **nur die Gesandten** selbst zum Tode bestimmt
waren, und

der Umstand, daß die Szekler Husaren die französischen Gesandten
nicht kannten, wahrscheinlich nicht einmal ihre Namen wußten
und doch gerade nur diese ermordeten, scheint zu beweisen,
daß sie dabei **nicht aus eigenem Antrieb**, sondern
auf fremdes Geheiß handelten.

Wer aber verborgen die Hand im Spiele hatte, bleibt, weil die Untersuchungs-Acten verschlossen sind und das Ergebniß der Untersuchung nicht bekannt gemacht worden ist, ein bis jetzt unaufgelöstes Räthsel.

Karlsruhe, 18. November 1838.

J. Fr. Th. It.